실천 서정시선 081

물고기 비누

김은미 시집

도서출판 실천

물고기 비누

실천 서정시선 081

초판 1쇄 인쇄 | 2024년 2월 16일
초판 1쇄 발행 | 2024년 2월 21일

지　은　이 | 김은미
펴　낸　이 | 민수현
엮　은　이 | 이어산
기 획 · 제 작 | 계간 시와편견
발　행　처 | 도서출판 실천
등 록 번 호 | 제2021-000009호
등 록 일 자 | 2021년 3월 19일

서울사무실 | 서울특별시 종로구 율곡로 6길 36
　　　　　　02)766-4580, 010-6687-4580

편　집　실 | 경남 진주시 동부로 169번길 12 윙스타워 A동 705호
전　　　화 | 055)763-2245, 010-3945-2245
팩　　　스 | 055)762-0124
전 자 우 편 | 0022leesk@hanmail.net
편 집 · 인 쇄 | 도서출판 실천
디자인실장 | 이예운 　디자인팀 | 변선희, 이청아, 김승현

ISBN 979-11-92374-43-7
값 12,000원

* 이 책은 전부 또는 일부 내용을 재사용하려면 저작권자와 '도서출판 실천'의 동의를
  받아야 합니다.
* 이 책의 국립중앙도서관 출판예정도서목록(CIP)은 서지정보유통지원시스템(http://seoji.nl.go.kr)과 국가자료종합목록시스템(http://www.nl.go.kr/kolisnet)에서 이용하실 수 있습니다.
* 잘못된 책은 교환해드립니다

물고기 비누

김은미 시집

■ 시인의 말

그리운 모든 것을 떠올려보고

내일을 희망하며

소소한 것에 미소를 나누는 온기있는

집을 짓고 싶었습니다.

부족한 글로 첫 시집을 조심스럽게

보여드립니다.

2024년 초봄
김은미

■ 차례

1부

봄을 꽂다 12
오는가 13
너를 기다리며 14
혼자 노는 법 15
자매 16
퇴비 18
딸기농장 19
빈방 20
지구를 쓸다가 21
공간 예약 22
고해 23
그리마 24
미담을 찾습니다 26
팝업 북 28
햇빛 샤워 29
히비스커스 30
산속에서 헤매다 32

2부

알 수 없는 한 가지	36
물고기 비누	38
가을 상자	40
시인이랍시고 앉아있는 내게	41
그냥 날 내버려두세요	43
숨은 뿌리 솟아났어요	44
이 잔을 들겠느냐	46
서성이는 정물화	47
바운드, 바운스	48
탁구 판타지	50
공동의 적	52
토이 스토리	53
사이시옷	55
오래된 안녕	57
3월의 화살나무	59
레옹 마틸다	61
착지의 자세	63

3부

촌로 기행 68
꽃의 비말 70
뉴스를 맛보다 72
코로나 유감 73
달의 위상 74
별을 세다 75
꽃댕강나무 76
시든 사과 77
크로노스를 위한 변명 78
츤데레 80
거리에서 82
오작교 83
옥상 토끼풀 85
쓸데없는 짓 87
매미의 노래 89
불면의 구조 91
어라운드Around 93

4부

나약해지기 위한 독서 98
공중 부양 매달린 100
반 팔을 입고 102
모감주나무 열매 부딪히는 103
나비 이야기를 읽고 104
백일홍 서시 106
한 떨기 꽃 같은 107
귀여운 여인 109
마늘밭 111
몸빼 바지 113
시절 연가 114
나무 의자 115
해바라기 116
열 폭 병풍을 펼치다 118
융점 120
클릭하다 122
현기증 124
김은미 시집 해설 126

1부

봄을 꽂다

비단꽃향무 한 송이
오래 피는 꽃으로 사세요
튀밥처럼 생긴 러넌 큘러스 육천원이구요
후리지아는 서비스로 드릴게요

봄에는 꽃집 주인이 되고 싶다
새벽 꽃 도매시장에서 한 아름씩 사다가 양동이 꽂아
물 갈아주고 가시는 훑어서 매끄러운 줄기
투명 셀루로오스에 돌돌 말아
꽃다발 만들고

창 넘어 기웃거리는 봄에 부푼 사람들
꽃향기 맡고 싶은 이에게 감성
선물하며 미소 짓는

어느 손길 거쳐 왔을까
지닌 것 주고 웃는 꽃
투명한 유리병에 꽂는다

오는가

눈길 사로잡은 노란 티셔츠
밝은 산수유다 수선화다 열애 중인데

앞치마 풀고
톡톡 튀는 노란 단체복 주문한다
에너지 모으는데 그만이지

늦어지는 물건
마음은 노랗게 타들어간다 취소하고픈 마음 굴뚝같은데
관세청에 묶여있다는 문자 두 차례 뿐

꽃샘추위도 지나가고
분홍꽃은 피는데
깜깜 무소식

봄꽃 대열에 낀다는 게
어디 그리 쉬운가

너를 기다리며

창 너머 스물네 시간
사선으로 서 있었을까
정지된 시간처럼 보이는
노란 카카오-T-바이크

뜨거운 커피 앞에 두고
빠르고 잔잔한 기교
음악 듣고 있으면
추웠던 몸속으로 스미는 위로

키오스크 앞에서 당황한 여자
무인카페 유리창에 비친 내 표정처럼

식어가는 종이컵
홀더 틈에서
내가 달그락거린다

혼자 노는 법

둘째 아들 짐 싸서 가며
깨알 같은 글씨 종이 한 장 놓고 갔다
자기주장 뚜렷해져
믿음직했지만 서운했는데
나를 흉내 내고 있었네

시어를 적고
문장 만들고
감정을 넣다 뺏다
나이 들어도 부모는 본보기
되는구나
묘한 감정 사로잡혀
읽고 또 읽어본다

낯익은 단어 하나 둘 셋
아하
아이 없는 빈방에서
나 혼자 놀다
쓴 글이니 비슷했지

자매

말대꾸 대추나무 걸어놓고
달빛 쓰다듬을 쯤
두 손 내려도 좋다 허락받고
엄마는 동생들 앞에서
언니 권위를 세워주셨다

뒤란 담장 위 평행선
재주 넘기하다 생긴
복사뼈 동전만한 구멍
빨간약 쏟아부으며
애태울 때

온순한 스티커 받고도
편치 않던 나는 방학이 되면
기차 타고 언니와 사촌 집 투어를 했다

사춘기 즈음
언니 정수리에 생긴 원형탈모

이유가 뭘까 늘 궁금했다

허리 한참 굵어진 중년이 되어
영평사에 갔을 땐
연보라 소국이 산허리 덮었고
다시 오고 싶던 소국 축제

이듬해
바쁜 핑계는 이어지고
함께 갈 수 없는 이유가
봉오리 숫자만큼 늘었다
그리고
소국은 활짝 피지 않았다

퇴비

똥을 값으로 먹이는 걸 보니
정신줄이 번쩍 든다
비닐하우스 옆 값싼 돼지똥 한 트럭
발효되고 있는데
먹다 남은 음식마다 않는 자 똥값이 삼십만 원
나의 똥은 삼십 퍼센트 안에 들지도 못 한다

닭똥 같은 눈물이란 얼마나 지고지순한 언어인지
그가 쏟아낸 것들은 제일이다
원예학 교수님 채소를 주시며 귀띔하시길
뭐니 뭐니 해도 닭똥이 최고지

그분은 나를 제일 마지막 만드셨어도
똥값이 되었어도 주눅 들지 않을 일이다

딸기농장

남동생도 오빠처럼 직장생활 끝내고 영농후계자
신지식인 대열에 합류해
논과 퇴직금을 합쳐 비닐하우스 지었다

후회 없다는 부부가 딸기 모종 심고
겉잎 따주며 꽃피기를 기다린다

반지 빠지는 줄 모르고 잎 따주는데
뒤꽁무니 졸졸 따라다니며
형님 딸기 옷 다 벗기지 말라고 걱정이다

꽃피면 호박벌 넣어 수정시키고
사진 찍어 보내준다고 하니
하얀 눈 덮인 12월
하얀 딸기꽃 피기를
꿈이 딸기처럼 빨갛게 매달리기를

빈방

유토피아를 꿈꾸며
본가에서 마음만 빠져나와 큰 집 이름 흉내 문패 걸고
살림 차렸지
쓰던 세간살이 몇 개
새로 장만한 장식품은 조촐하게 꾸며보는 거야

나를 보이며 산다는 일은 내가 아닌 것도 같아
혼자만의 공간 누구도 초대하지 않았지
쓸모없는 물건 몰래 버리고
벽에 걸린 거울 앞에서 나를 다듬는 시간도 많이 갖고
싶어

하지만 누구 하나 놀래주는 표정 없고
두런두런 댓글 없는 곳이 너무 심심해
줄어드는 동선 덩그러니
문을 열고 나오는 중이야

지구를 쓸다가

집게로 집던 담배꽁초
대빗자루로 쓸어

PC방 문 옆에 모아주고
벤치 아래 모아놓고

이팝나무 열매와 잎사귀
나무 아래 쓸어 놓고 왔다

내 심술은 누가 쓸어버릴까

공간 예약

신탄진 재래시장 가시면 양살구나무도 괜찮아요
한그루 사다주세요
화분에 심었다가 당신 내게 땅 한 뼘 내밀면 옮겨
심으려구요

사람들 들어온 입구와 나가는 출구 지키며 말의 모서
리를 깎아 동그라미 되었는데 이별을 해요

담배꽁초 빈 깡통 버려진 도심지 공터 제멋대로 잡초
가 자라서 온갖 새들 놀이터가 되었지요 단골 내과
늘 같은 음악하고는 달라요

울타리 넘어지고 반듯한 단열재 위 시멘트가
부어지면 큐브 건물이 올라가는군요

더 기다릴 수 없어요
옥상 텃밭으로 위로받을 수 없어 살구나무 한 그루
심으려구요

고해

길게 늘어선 고해소 앞
중얼거리며 되새기는 말은
숨겼던 그림자

비보호 건널목
숨 한 번 더 쉬고 건너기
제 감정 속아 화내지 않기

나를 필사하고
행간 숨겨 둔 마음
음미하며 읽었지

몇 겹 포개 놓은 뻔한 말
풀어두고 오는 길
뿌연 안개비
눈 녹이며 반짝인다

그리마*

돈벌레처럼 빠른 생물체를 본 적 없다
다리 개수를 세어 볼 생각도
쳐다볼 수도 없었다

독한 마음으로 휴지에 싸서
창밖으로 날려버리기도 전
틈으로 사라졌다

다리를 실은 바퀴가 다리 위를 달리고
사람들은 쏜살같이 그들만 아는 곳으로 갔다

이 집 어딘가 숨어 있다가
어쩔 줄 몰라 하는 나를 두고
가버리는
해를 끼치지 않는 것들

모른 척 해 준다면
그들은 우리를 움켜지려 하지 않을 거야

교각 위는

아직도 치열한 속도

다리는 끊임없이 움직인다

*돈벌레

미담을 찾습니다

길 찾기 앱을 켜고 걷고 있는 그녀가
미담해장국집 혹시 아시나요
강아지에게 끌려가고 있는 나를 세우고
한숨 쉬며 물었다

직진으로 가다가
오른쪽 한 블록
신호등 건너
왼쪽으로 한 블록

담소를 나눌 만한 너를 만나
미담을 너에게 들려주고 싶은 건 마찬가지
한 블록 더 가더라도
실망은 사양합니다

넘치는 사연
처음 만난 사람과 정담 나눌 사이 아니지만
당신과 나는 우연이라도 한 번은 만난 사이

내 집 앞을 걸어 준 사람
해장국집에 가면 아름다운 얘기가 오고 갈 것 같아서
머리 맞대고

여기는 출발지

팝업 북

솔잎 쌓여 생긴 길 가
몇 그루가 전부인 숲으로 향한 화살표

종이 펼치고 비둘기 발자국을 펼쳐 놓으면
삼 일 쌓인 흰 눈 위로
小少하고 小少한 흔적

건물과 건물 사이 날던 평화가
찍어 놓은 설형문자

마음을 겹쳐보면
새가 날아오른다
겨울나무가 눈을 뜬다

햇빛 샤워

그 남자의 세계를 엿본 적 있었네
술 한 모금 마시고 세상을 보면 바로 보이는

삐뚤어진 자세로 글을 쓰면 잠깐 떠오르는
영감하고는 다른 거야

비틀거리는 걸음걸이 일그러진 비소誹笑 어린 나는
읽지 못 했네

마을길 빙빙 돌던 그를 고자질쟁이라고 고자질하지

뿌연 안개 벗겨지면
햇빛 유난히 쏟아져 내리던 외딴집에 살던 역사 뒤로
사라진 남자

히비스커스

깊은 밤 달의 여신
밤하늘 방랑길
지켜주는데 함께 떠나요

지금 떠날 수 없다면
잡은 손 놓고
아침 하와이 비행기표 예약해요

태평양 따사로운
모래 백사장
맨발의 여인 되어
반짝이는 눈동자 긴 목에 꽃송이
온 몸이 까매질 때까지 훌라춤을 춰요

불어오는 바람 들썩이는 횡격막
상상을 마셔요

하루 한 번뿐 전부를 주고

붉어지는 당신

짧은 추억

밤새도록 들어줄게요

뜨거운 물을 더 채워요

산속에서 헤매다

집게손가락은 잘못 없다
특정인을 겨냥한 것도 아니고 지적한 것도 아니다
맨손으로 마늘 까고 필기구를 지탱했을 뿐

아버지가 사진 속 가리킨 곳
당신의 목표
삶의 방향

나도 손가락 활동 엄중히
단속했는데 낯선 단어나 제스처로 불쑥 나오려다
빠르게 고개 숙였다

모호한 것 알고 싶어도 제외한 손가락 제 일하지 못해
왼손이 거들었다

엄지와 집게가 필요한 날 연고 바르고 반창고 부치고
종이테이프를 감았다

연결된 근육은 어깨 어디쯤이었을까
구석구석 깊은 계곡 오르내리던 바퀴도 어깨처럼
힘이 빠졌다
뽐내는 길이와 높이가 아니라구
내비게이션을 끄고 눈 덮인 나무 사이로 하늘을
가리켰다

제 자리로 돌아와 한 몸이 되어 일주일 앓았다

2부

알 수 없는 한 가지

끈으로 묶여 있다는 건
거추장스러워

당신과 나를 버티게 하던
형식을 정리하고도

노른자 알끈 끊어낸 후
한 번에 흐트러지지 않던 것처럼

시들해진걸
눈치챘다는 건
쉽지 않아

끈끈함이 사라진 후
모호한 말 앞세워
신뢰를 부추기는 건
원치 않지만

당신을 인식하는 것만으로
간섭할 수 있고
간직할 수도 있는 법

물고기 비누

성형 틀에서 비늘 굳어진 시간
나이테 가지고 태어난 물고기 한 마리
작아 보인다고요
한세월 보냈어요

미끄러운 점액질 글리세린
조금 더 먹었더라면
손안에서 빠져나와 달아났을 텐데
목욕탕 거울 앞에서
동면에 들까요

달아나는 유일한 방법은
미끄러져 거품으로 흘러가는 것
가까이 다가가 작아지게 도와주는 것

풍경처럼 흔들린다면
향기라도 나눠 줄 텐데
다시 태어나고 싶을까요

하트나 장미

풍뎅이나 나비

네모나 동그라미

비 오는 날

비린내 난다고 환풍기를 돌려요

밖에선 향기가 난대요

가을 상자

택배로 날아드는 상자들 안에
특별할 것 없는 뚜껑 달린 소모품이나 금속성 잡동사
니를 빼놓고 나면 구색을 갖추던 모양이 잠시 숨을
돌린다

틈에 세워지고 포개 쌓이고
호시탐탐 궁금하던 상자들
또는 생각들
마음 베여도 세상을 살려면 각을 세워야 한다고
억지를 부린다
말에 모서리를 세우면 전문적인 사람으로 보이고
마음보다 각을 만드는 거수경례는 으스댄다
골짜기가 헤아릴 수 없는 만큼 깊어진다
가을도
각도를 바꾸며 상자를 만든다
낯선 각들이 생겼다가 단풍처럼 물들었으면

시인이랍시고 앉아있는 내게

발소리를 듣는다
드물게 들려오는
서른세 번 울리는 송구영신 종처럼
두성을 울리는

지구 저편 신음인지
남극 빙산 파편으로 떨어지는 소리인지

제 탓이요
제 탓이요
양심이 고해하는 모습인지
의성어인지 의태어인지 헷갈린다

무슨 일이야 심장 떨어지는 소리 '쿵'
네게 말을 건네고 싶어 '쾅'
'더'라는 단어와 어울리면 쿵쾅

술잔을 기울이며

하루를 마무리할 때
발소리로 하루의 안부를
주고받는데

창틈으로 나간 소리
막아주는 나무가
손바닥처럼 펼쳐진 바닥
발바닥에 맞장구칠 때

수인이랍시고
그제사 고개 돌린다

그냥 날 내버려 두세요

뭇국을 끓이고 남은 김장 무 반쪽
뒹굴리다 보니
싹이 올라왔다
갈증에 고팠을까 물 한 컵에 눈금이 줄고
또 한 컵에 환희가

잎의 꼴 갖추며 곱게 자라는 생명
곁눈질한다
반려 식물 삼을까
무청의 이력을 가진 트로피 모양 햇순
누구에게 안겨줄까

갖춘 꼴 아닌 지금
운명이라고 불릴 수 없는 토막이
쥐락펴락 인간의 의지를 벗어나
자유로움을 획득한 청정함으로 생명 연장의 하루를
지켜내는 신비로움을 본다

숨은 뿌리 솟아났어요

아홉이란 숫자에
온통 속도제한 경고음 들렸다

밤은 낯설게 하기 좋은 시간
별도 잠시 반짝임을 내려놓은 밤

수막현상 같은 무중력
속도를 거스르며 분기점이 가까워지자

뿔난 사슴 되고 싶어
이정표 무시하고 핸들을 틀었다

삶에 때로는 과한 거품이 필요해
심장의 박동을 가지고 놀아야 할 시간

젠틀함의 어원 깨뜨려 줄 고의적인 일탈

내비게이션은 도착지점 약속했고 대화는 중단되지

않았고

길은 진행 중이다

브레이크를 밟았다 놓았다

끊임없는 밀당

이 잔을 들겠느냐*

과일코너 서성이다가
먹으려던 열매가 꽃이란 걸 알았지

홍조 띤 분홍 복숭아꽃
연둣빛 꽃받침 위 사과꽃
부끄러워 열매 속으로 숨어버린 무화과

사람의 눈물에도 맛이 있다지
화가 날 때 흘린 맛
슬퍼서 흘린 눈물
기쁠 때 흘러내린 단맛

짠맛 과일은 먹어 본 적이 없네
꽃은 화를 내면서 피우지 않았기 때문이지
기쁘거나 슬퍼서 만들어 둔 열매가
맛보기 전 읽히기를 기다려

*제목인용 : 헨리 J.M 뉴엔 지음

서성이는 정물화

계절을 떼어보는 달력 한 장
시간을 오려내고
테이블 유리에 넣는다
들뜬 마음 맡겨보던

타인이 붙여 준 이름
누군가의 정물이 되던 날
시간은 버려지고도 남아서
남은 날 모태가 되고
압화 되었다
유리 속으로

차마 버리지 못했다
내가 버려지는 게
아닐까
시간 먹은 것은 쉽게 버틸 수 없다

바운드, 바운스

바닥을 차고 오르는 것 심장에 귀를 기울이면
느껴지는 통증
그 자리를 내준 적 있었던가

두근거린다 불규칙한 맥박
쉼 없이 튀어 오르며 뱉어내는
끈적이는 호흡

마찰이 빚는 낮은 비음
발랄하게 튀어 오르는 포물선
읽지 못하면
꽃 피울 수 없지

세상이 내민 손
잡기 위해 멈출 수 없는 똑딱이의 행진
쏟아지는 공의 언어
공의 세계

삶의 중심에 끼어든 문장을
읽으며 밑줄 긋는 오늘도

탁구 판타지

다가올 듯 그러나 회귀를 꿈꾸는 네게
다가가 묻곤 하지
다시 돌아온다고 말해줘

열정은 식었네 돌아온 시그널
회전의 매력 사라지고
순수는 한물갔네

현실을 잃어버린 아지랑이
쉽게 삽을 수 없어
열대의 끈적이는 고무나무
황홀한 상상

밀당을 멈추면
원스텝 투스텝 사랑은 멀어지네
원스텝 투스텝 사랑이 다가오네

시선을 맞추고 열정이 러버*에 안기면

너의 의미를 폭죽처럼 퍼뜨리지

*러버rubber : 탁구 라켓에 부치는 고무

공동의 적

위층 정신 나간 녀석이 산다
실성한 듯 한밤중 큰소리 벽을 타고 내려온다
나이 언어 얼마든지 빨아들일 수 있는 용량의 청소기
교양을 훑고 싶다
재활용 봉투에 털어 꽁꽁 얼려버려야지
묶음선 안
진심이 고개 내민다
한 시간 지나니 조용하다
꽁꽁 얼었나 보다

토이 스토리

낯선 사람 방문 반갑지 않던 날
불길한 예감 적중하고
허둥대는 나는

때가 아니라고 항변해보지만
차가운 손 이끌려 가는 중이다

비가 오나 눈이 오나
함께 한 추억
떠올린다

성호 긋는 주인
폐차에 대한 최소예의 표하며 서 있다

옆구리 상처
불협화음 내는 심장
모두 내려놓으니 편안하다

잊지 않을게요

멀어지며

눈시울 붉어지는

사이시옷

관계를 맺기 위해
사이시옷 글자 한 개
더 갖고 있었으면

맺어진 뒤에도
허전함 느낄 때
떠오를 수 있도록

나뭇가지 ㅅ받침
정원사가 잘랐어도

나무가지
꽃을 피우고
잎도 잘 자라지

잘려 나온 사이ㅅ
옷걸이에 꽂혔다가
빠져도

단절은 아니야

잇는 본분을 잃지 않으니

글자 아래

존재감 없는 듯 보이지만

받침이 없었다면 세상에

세상은 얼마나 헐거워 졌을까

오래된 안녕

장롱을 열고 옷 앞에 섭니다.

몇 년 동안 손길 한 번 주지 않은 옷

격식 차려입었던 옷

유행 따라 충동구매 했던 옷

늘어난 몸무게에 이제는 더 입을 수 없는 옷

돌아올 수 없는 시간이 박제되어

우두커니 서 있습니다

사랑한다는 이유로 오랫동안 가둬 둔 것들

사랑 앞세워 내 안에 묶어 두었던 욕심들

늦었지만 헤어질 때가 온 것 같습니다

분리할 수 없는 추억들만 오롯이 챙겨

마음속에 넣어두고 놓아줍니다
보내줍니다

헐렁해진 옷장처럼 내 몸 조금 느슨해졌으면
좋겠습니다

3월의 화살나무

잿빛 표정 부동자세 서 있는 내게
말을 걸어줘서 고마워요

무성한 잎은커녕
가시로 치장한 듯 뾰족한 외모
박새조차도 앉아 놀지
못하는 빈곤함

곁을 걷던 여자
감정을 속인 뇌가 시키던 대로
죽었군, 안쓰러워하는데

움찔거리는 내 생명
알아챈 당신
숨을 불어넣어 둔 덕분에
울타리가 되였어요

성깔대로 크는군

쉽게 말하면

찌를 수도 있어요

아프지 않겠지만 아직은

침묵의 시간

레옹 마틸다

달개비꽃 피었다
실외기 아래 작은 새 한 마리
생각을 저울질하는 눈금
커졌다 작아졌다 지저귀는
탈출 신호

가벽假壁 안에 갇힌 생각
손가락 톡톡 두드려 보지만
온몸 노출 시키는 행위예술
비밀번호가 떠오르지 않아

발자국 지우고 유리창 지문을 더듬는다

한 페이지를 읽어 보지만
숨겨 놓은 힌트는 없다
연속 비밀번호 오류
무책임한 소유주들

글의 행간을 넓히고
위치를 정리하면
빠져나간 시간 삭제되는
표정과 동선이
CCTV에 저장된다

작은 새
아침마다 접힌 꽃잎 피우는

착지의 자세

낮잠 자다가 가끔
계단에서 발 헛디뎌
놀라는 꿈
어른도 크고 싶은
꿈속
충고도 아닌 조언도 아닌
헛발질에 무너지는
여태 쌓은 덕

정수리 손끝으로 톡 톡 톡 두드리다가
잡념 재우고
만난 세상

놀래지 않는다면
꿈속에서도
날고 있으면 돼
가볍게

꽃잎이

흔드는 바람 느끼듯

3부

촌로 기행

창원 중앙역
플랫폼 의자에 앉아
복수동 언니 집에 간다는 처음 보는 여자와 이야기
나누고

정병산 내려다보는 시선을 느끼며
내일 일어날 걱정 내려놓자
한 페이지
살아 숨 쉬는
베 8 을 받으며

꾹꾹 숨겨 놓은 콧바람 휘파람
밴드에 사진도 올려보고
하늘 아래 한 점 되어
와 닿는 문장 마침표 되었다가

도착시간 알리는 전광판
시간 거꾸로 돌려

태어나는 문장 첫머리 쓰다듬어 보자

무작정 집 떠나
산 그림자 키를 맞춰보며 서성일 때
시간의 굴레가 철로 위에 길게 펴져 있었는데

꽃의 비말飛沫

마스크 벗고 입맞춤했을까
꽃이 코로나 걸렸다는
포스터가 펄럭인다

겨울 문턱 꽃의 수많은 분자
바람의 진동에 끄떡하지 않더니
벨기에 하마 두 마리도
전염되었다는데

허리 숙여 향기 맡서나
말을 건네던 나는
도도한 꽃에게서 자가격리 선택했어

꽃다발 한 아름 안고 수줍은 듯
길에서 주웠어 가벼운 고백 듣지 못하고
꽃처럼 향기로워요
인사는 사라질 거야

꽃의 치명적인 실수에

동정을 보냈지

바람 잠잠해질 무렵

앙상블 아트홀

연극 시작되던 날

다시 읽어보니

'꽃의 비밀'

뉴스를 맛보다

키가 훌쩍 커버린 대파 한 단 썰고 나면
단맛 느끼기 전 눈물이 앞선다
인정사정 볼 것 없는 맵고 아린 맛
그것이 매력적이라 해도
지난여름 열무 두 단의 쓴맛은
가뭄 때문이었는지 모른다
지구 온난화를 짚어가다가 알게 되었다
하얀색 요소만 뿌렸기 때문이란 것을

니셀사 배넌삼속상지에 바닥난 요소수
없으면 안 타면 되지
키만 커버린 청록색 채소들
유기농 먹고 안 먹으면 그만이지
돌아서기에는 너무 깊은 관계를 맺어버렸다

내 것 내주고야 뉴스 자막 읽으며
깨닫는 쓴 맛들

코로나 유감

집으로 돌아갈 시간
보내오는 시그널
중력을 벗어나 함께 떠올랐던 시간

사랑은 연민으로 변해가네
지금도 나와 같은 언어를 쓰는지
탬버린을 울려봐

어두워질수록 사방은 환해지는데
기억들만 낮달처럼 희미해진단 말야
지구와 충돌하면 과거로 돌아갈 수 있을까

자석을 사이 두고 끌리는
유전자가 닮은 너와 나
달에서 일어나는 일들이
궁금해지는 밤

문고리 당기면
쏟아질 듯한 리듬
그리운

달의 위상

허황한 마음 가득한 날
초승달을 보았다
손톱 끝만큼만 보여주는 결핍

당신의 이성과 감성이 메모리에 가득찼습니다
제거해 주시겠습니까

카메라를 들어 수십 번 찍어도 흔들리는 달
초심初心을 의심해야 했다

원만해지는 테두리
허락해버린 삶

부푸는 날 뒤
달이 지는 것도 몰랐다

별을 세다

자투리 천
밤새 꿰매다
쏟아지는 졸음
손끝 찔릴까
부릅뜬 눈

이사 다닌 곳 점찍어 그려보니
밤하늘 가득 찼네

가을 하늘
내 별 하나
걸어둘 곳 없을까봐
재촉하며
흉내 만드는
누더기 조각 이불

꽃댕강나무

가로등 아래
더 하얀 꽃등 켜고
가만히 발자국 귀 기울이는 아벨리아

화려함도
필요 없어 옹기종기
하얀 여름밤

지친 퇴근길
비잉등 찜빽이넌
덩달아 깜짝깜짝
침 묻은 담배꽁초
모른 척 숨겨주는 담대함

치킨집 총각
몇 마리 더 튀겨야 끝나요
꽃등불 밤새 켜고 또 켜는
약한 이들의
수호천사

시든 사과

종일 식탁을 배회하다 지친 네가
꼬리를 질질 끌고 들어오는
나를 반긴다

썩지 못한 사과
주름이 부끄러워
허겁지겁 늘어진 시간을 줍고
내가 나를 한 입 베어 먹는다

속살이 배시시 웃는다
사과꽃 같은 마음 한두 송이 핀다

시든 적 없는 사과
사과도 못한 사과
그래도 피울 줄 안다

크로노스를 위한 변명

만돌린을 위한 협주곡 G장조
새들은 앉았다 비행하네
소화전 십 미터
앞뒤 십 센티
삼백육십 도 회전 해도

하얀색과 검정으로 만들어진 모빌의 세상
시력이 생길 때까지 선택할 수 있는 경우의 수가
너무 적어

스텔라리움* 앱을 따라 자전하며
산책하는 오전
당신을 만나 안부를 묻고 보폭 맞춰도 가까워지지
않는 보행

직선을 흔들어
떨어지는
공중그네 위

시간을 퇴고해도

찾을 수 없는

*스텔라리움stellarium : 별자리 관측 앱

츤데레*

끝자락에 서 있거나
머리를 맞대고 누워
당신과 나는
어떻게든 만나기 위해 고민을 하지

잘난 척 혼자서
별 의미 없는 하루
우린 늘 이별을 위한 사람처럼
말하고
다시 묶이기 위해 화해를 했어

어떤 방식으로든
매듭의 흔적은
접혀있는 시간보다 유용해

색깔별 고이 접어 감추어 둔
네 유연한 사고를 엿보고 싶어

울퉁불퉁
격식에 맞지 않아
보일 듯 말 듯

* 츤데레 : 쌀쌀맞고 인정 없어 보이나 실제로는 다정한 사람을
  이르는 말

거리에서

잎사귀 넓은 플라타너스
무슨 말이든 잘 들어줄 것 같은 자세로
나이를 묻지 않아도
백 살은 넘을 것 같은 표정과
마음 늘어놓기 적당히 긴 이름으로 오후를 온몸으로
받아들이고 있다

소심한 그늘은 필요 없어
벌써 가을인 걸
유혹힐 수 있는 빈빈한 꽃 안 송이 없으면서 부저님
귀만큼 늘어진
친구 할머니 동네 귀하신 어른으로 등극하신 것처럼
스스로 중심이 되는 거리를 만들어 오고가는
이야기를 듣고 있다

오작교

그가 집을 나갔다
유튜브에서 얻은 도안 자투리 나무에
열 십 자 나사못
귀고리 달아주듯
박아 책상 만들어 주고
밤을 지새우든 아침밥 건너뛰든
어디 한 번 시나 써보시지 보란 듯
역마살 따라 나섰다

화초 하나 자랄 수 없는
주기율표 붙여놓은 실험실
밤마다 하는 짓
CCTV 보고하길
서적 꽂힌 선반 한 칸씩 비우는 일
드릴 박아 만든 책장 무너뜨리는 일

할 말만 하겠다는 남자
할 말은 하겠다는 여자

기 싸움

어쩐지
우리 동네 까마귀가 많더라
칠월칠석 다가오고

옥상 토끼풀

위를 동경하여 올라왔지만 나무라고 이름 붙여진
것들이 사는 세상
잡초라서 뽑아야 한다
풀꽃이니 그대로 두자 의견 분분하다

흙 부스러기 움켜쥐고 있으면 버틸 수 있을까
싶었지만
뿌리 채 뽑혀 난간 위 앉았다
세상을 내려다보면 좋을까 싶던 적도 있었다
자라면 뽑혀야 하는 운명
갈증의 속도 더해만 가고

촉촉하고 넓은 나의 땅
바람에 날아오는 추억
돌아가야 할 그곳
펼쳐지던 평범한 일들

실수로 만든 네 잎

행운이라 당신을 유혹해도 믿어주고
몸의 색깔 붉은 자줏빛 바꾸면 발 길 멈추고
바라봐주고
소박한 꽃반지 되어 약속하며 사랑스런 눈빛
보여주던

쓸데없는 짓

젖은 낙엽 말투를 이해하려고 종일 갸웃거린다

어느 위치에서 원을 그리며 날았는지 몇 개를
그려냈는지

밟으며 지나간 발자국을 세어봤는지
뾰족구두에 구멍이 뚫어졌는지

그 위로 떨어진 노란 모과
향은 남았는지

바람 불어 멀리서 날아왔는지
가을비 몇 번 맞았는지

단풍잎 은행잎 참나무잎 목련 큰잎 모과나무잎 솔잎
서로 알아볼 수 있는지

바스락 바스락 말을 걸어오더니

찬비 맞고 일관된 침묵

숨겨놓은 속내 입을 열지 않는다

매미의 노래

초침 째깍거리는 소리
가는 빗소리
선잠에
분간할 수 없을 즈음
깨어 창문 열고 보니
밤새 자란 푸른 숲

발목 높이만큼 튀어 오른 빗방울
장화신은 발자국 옆
잠꼬대로
만들어진
왕관 무늬 지우면

당신은 고독의 허물 벗고
홀로 타인이 되어 가는 중
되돌아오는 메아리

이명인가

상상일까

집착을 부르는 떼창

불면의 구조

온갖 촉들 살아 움직이는 밤
머리로, 머리로
환하게 켜진 불빛

잠들지 못하네 도시처럼
벽을 타고 더듬어보는 스위치

끄는 법 잊은 지 오래
현관 지나 점멸되는 구조
설계되지 않은 등

제 힘보다 더 소비하고 소진하고
저절로 꺼지는

더듬더듬 거미줄 같은 망 따라
촉 거두기를 반복하면

희미한 새벽

스위치를 켜는 손길
발뺌하고 사라지는

어라운드Around

401호에 출근해서 402호로
퇴근하는 일은
몇만 보를 경유해야
돌아올 수 있다
새로 이사 온 도로명 숫자에 익숙해지기로 했다
신발장 4번은 꺼려하는 번호라 대여하지 않기로 한다

상가와 다세대 빌라는
오후 두 시를 가리키는 숫자에 속한 구역
오른쪽을 휘핸드라고 부르고
오후 세 시 지난 스윙은 불규칙한 미래에 적응하기
힘들어

하지 않기로 약속했는데
신부님은 성당도 같은 구역이라 하신다

늘어진 시간 꽃처럼 피어나고
챙기지 못한 기분을 보듬기로 했지만

부활절이 가까워질 때 보이지 않던 마음들이 하늘을
찌를 듯
소나무처럼 튀어나왔다

마음의 넓이와 높이가
커지지 않는 닮은꼴
안산案山도 편입되었다

4부

나약해지기 위한 독서

내일은 당신과 헤어지는 날
푹푹 찌는 낮일 끝내고
젖은 머리 말리고
다소 곳 앉으면
다정히 손잡아 이끌어 가슴
손 얹어 심장 느끼게 하는

체취를 필사하고 싶어
사랑 가득한 언어도
지석 뉴의 사특한 내력도
탐닉하기엔 너무 짧은 열나흘
서로 다른 삶에 이끌려 이별
앞둔 연인처럼
자정 넘도록 못다 한 얘기를 나누지
하지만 구속하지 말자

책갈피 꽂아 둔 채
돌려보내는 날

다 본 척 돌려준다면

재대출 바코드 찍어도 될까

공중 부양 매달린

레이스 뜨기를 하려면 기호를 해독해야 한다는데
궁금증 유발하는 호객행위 같은 무늬

뜨개질 전문점 앞에서
보일 듯 말 듯 미래의 가방 주인은 무엇을 담을까
취향을 상상한다

불순과 경건 묶은 책을 넣고
거부와 순종 립스틱과 손수건
생각과 실천은 구겨진 종이로 남은 공간 채우고
속이 가벼운 탁구공 한두 개 넣어도
5년은 버틸 것 같다
훤히 들여다보이는 유리문을 지나다가 문에
부딪힌 날
투명한 유리가 문으로 역할 하는 동안
내 본능이 망각했던 규칙

시스루는 모호한 힌트를 제공하며

한 땀 한 땀 부피를 조절한 듯 걸려있거나
매달려 있다
비밀 누설된 생각이 매달려있다

반 팔을 입고

가 장 이쁜 표정 지으라고 하네
나 말야
다 시 예전처럼
라 디오 별밤지기 시키는 대로
마 주 볼 수 없단 말야
바 보처럼 보일 것 같아
사 랑만 했던 시간
아 주 사라진 게 아닌데
자 연스럽게 옅어진
차 안 안 수 없는 맘
카 메라 바라보는 시선
타 오를 것 같은 열정 뒤
파 문의 흔적 들킬까
하 늘만 보았지

대신 당신 닮은
시를 써
하루도 쉬지 않고

모감주나무 열매 부딪히는

피고석 앉아 일요일 강론 듣듯
거룩하게 비운 마음
연12% 법정 이자율 날짜
유예받고 돌아오는 길
공주휴게소 마끼야또 한 잔
쓴맛이 어울리던 날

민사소송은 괜찮다 위로의 말
귀에 들어오지 않았다
남편 퇴직하고 자연에 묻혀 살고 싶은 소망에 빨간불

농담으로 즐기던 말
세금 많이 내는 국민이란 소망엔 파란불

밤새 부딪히며
빗소리 흉내 내던 모감주나무 열매
어머니 손끝
백팔번뇌 재우는 염주

나비 이야기를 읽고

늦여름 꽃에 앉은 나비 떼
꽃잎만큼 자란 날개로 날갯짓한다
벌처럼 꿀을 모으려 하지도 않고

꽃봉오리 꽃잎 펼치듯
하늘을 날아

이별을 위한 우아한 날갯짓인가
작은 바람에 흔들리는 영혼 같은

간직하고 싶은 것은 쉽게 다가오지 않는 법
웃음소리 잡을 수 없는 것과 같은

*쿠푸 쿠푸
 라쿠 라쿠

최고의 순간
꿈이 부화 되네

*쿠푸 쿠푸 라쿠 라쿠 : 말레이어, 나비의 날갯짓을 흉내 낸 말

백일홍 서시

꽃대 즐비한 한가위 다가오면
줄기 하나마다 연필 삼아
쓰고 싶은 서정

좋아요 이모티콘
꽃잎이 마중하는

다툰 적 없는
고향 사람들처럼
서서 기다리는 백일홍

IC 빠져나온
한 사람씩 붙들고
이름이라도 묻고 싶어

사과나무 빼곡한 과수원 지나
꽃봉오리 떨어지기 전
누구라도 만나러 가야지

한 떨기 꽃 같은

그녀는
한 줌 흙

양지 무덤
싸리꽃
씀바귀꽃
작은 미소

인생은
높은 가야산이 아니라
요만큼 낮은 언덕일지 몰라

날 봐요
웃으며 오르던 길
양귀비처럼 아름답죠

날 봐요
울며 추락하던 내리막길

가시 돋친 엉겅퀴꽃

알고 보니
피고 지는
인생

귀여운 여인

편의점 냉장 아래 칸
오렌지 맛 포도 맛 젤리블리

흘러간 인생처럼
눈 감고 먹으면 저절로 삼켜지는
젤리와 나누는 키스
병문안 때 사다 드렸더니 전화가 왔다
옆 침대 누워있는 사람이
맛보고 싶다고
면회 갈 때 주고 싶으니 사서 부치란다

친구를 사귀셨을까
아이 떼 쓰 듯
뚜껑 달린 게 아니라니
두 눈 부릅뜨고 한 번 더 주문한다

남편 있는 내가 갑
두 노인 분명히 키스 맛도 떠올릴 거야

멀리 계신 아버지와 로맨스

연애편지 심부름하는 기분이다

마늘밭

엄마가 심어 놓은 마지막 작물일는지 모른다
가뭄에 수돗물 세례 흠뻑 받은
텃밭 알뿌리
마늘잎 시들고 풀은 밭을 점령했다

삽질 호미질
추억을 캐고 있다
장마 지면 뿌리 썩는다
퇴원하신 엄마 잔소리
음악처럼 듣는다

성정性情을 심어준
꽃밭 같은 텃밭

원산지 모르는
마늘이 편한 우리는
올여름 토씨 하나 더 달면 안 된다는 걸 알고 있었다

상처 입고

실하지 못한 마늘

가지런히 그늘에 눕혀 놓았다

몸빼 바지

풀 먹인 광목 앞치마
가녀린 허리에 묶고
다섯 키우며 심은
환하게 웃고 있는 노란 소국 뽑아버린다 하네
엄마처럼 통곡할 거야

죽으면 내 몸 하나
거둬주지 않겠니
텃밭에 앉아
팥꼬투리 따네
남은 시간 따고 계신거지
거들지 못하고 말리지 못하고

기도하고 오는 길
아버지 눈빛만큼 너넉한
몸빼 바지를 샀다
만원 밖에 안 되는 가격
속상한 하루

시절 연가

길 가
전처前妻의 딸 같은

납작 엎드려 꽃인 척
꽃이면 안 되는 푸성귀

찬바람
헝클어진 머리

노오란 쑥꼬맹이
귀여운 미소

연두 잎 적고 간 봄소식
짧게 머물러
아쉬움 큰

꼭 한 번 불러 주고 싶던
가벼운 이름
봄동

나무 의자

선거철 다가오면 엄마는 덩달아 바빠지고
미용실 가라 쥐어준 돈
아버지 따스한 손길은 끝났다
일꾼 아저씨만 똥빠졌다

선거는 중독이더라
선거는 동정표를 얻는 거더라
선거는 선거를 낳고
선거용 전단지 안에서만 만나는 아버지

김 아무개 의원이라 써달라던 유언
자식들 깜빡했다
장례식장 조화에
한 장 사진으로
인사받던 날

앉혀놓고
깎아주신 손길
온기 남았다

해바라기

해를 따라 고개 돌리는
노랗게 물든 조화 한 아름 안고
추모공원 갔지
먼 기억 선명해지고
가까운 시간에 갇혀
희미한 웃음
위로가 사치스런 짧은 시간

온 천지가 꽃으로 덮여있네
긴 길이 드리운 사이
서로 사랑했었다는

해바라기처럼 둘러앉은 별별 사연
손 내밀어 반길 것 같은 이름 앞
묵념을 하지
조화에 조의를 표해
대답 없네 사랑했던 사람

해를 사랑한 해바라기처럼
그를 향해 고개를 돌린다는 거짓말
거짓이 아니야

열 폭 병풍을 펼치다

아이들 돌과 백일 두 번 펼치고
삼십 년 모퉁이 세워 둔
이모의 결혼 선물

알아볼 수 없게
흘려 쓴 초서
비단실 새와 꽃
늘어지게 자랑하지만
노골적으로 사랑이란
단어가 있었으면 했나

말꼬리 싹둑 자르던 나쁜 버릇
줄기로 만든 반찬도
짧게 자르는 게 싫다 하시던
미묘한 정서 근원지
침묵 지키던 가족사

표백제로 곰팡이

없애려다가 생긴 흉터처럼
엄마의 흔적이 나의 것인 양
한때는 가슴 아팠다

오천 년 역사
엄밀히 따지면
얼룩진 가족사 아니었을까
유난히 호들갑스럽던 결벽
벽이 되었던 성장통

평온한 겨울
늦게 철든 나처럼
붉은 장미 한 송이
모란처럼 피어있다

융점

내 마음 25℃ 되면 굳히기로 했네
보습하는 일은 그대로
손바닥을 비비면 냄새가 살아나지
낯설지만 익숙해지는
코코넛 오일처럼
가을 중순처럼 몸을 움츠리거나
가로수 나뭇잎 떨어뜨리듯
징징대는 감정은 놓아버리려네

가짜 수면 중이라 대화는 머리맡 불규칙한 숫자로
흔들릴지 모르는 눈동자
마주치지 않기로 했네

손잡은 일을 기억할지 모르지만
국화꽃 축제 함께 가더라도
몸이 허락하지 않아서
발걸음 주춤거릴지도 몰라

생각이 계절처럼 끓었다 식었다
녹았다 굳었다 변덕스러워도
노여워하지 않기로 했네

굳은 시간 나를 속일 의도가 아니었네

클릭하다

완료를 누르고 아차
삭제를 했는데 제 마음 읽었나요

습관대로 살고 싶어
당신을 클릭하면 짠 나타나는 꿈을 꾸었어요

번호를 누르고 종료를 누르면
내가 읽히나요
내 전부를 떠올려 주기를 바랍니다

왼쪽 신호를 주어야 하는
마지막 통과선

오른쪽을 눌러 방향을 바꿨더니
알면서 모른 척 해준 귀여운 당신

훈련되지 않은 손끝의 터치
마구 자란 풀꽃처럼 피어서

거칠게 뽑힌다 해도 괜찮아요

이미 머뭇거리는 손길의
감촉마저 알아버렸습니다

현기증

11병동 대기실 모네의 정원은
빨간 장미꽃이 피었네요
엄마가 넘어져서 사방에 흘린 피처럼 보여요
참 아름다워요

한 번도 부재를 생각해 본 적 없는
당신의 일일 보호자가 되어봅니다

서너 시간 미리 와서 기다리며
이전에도 그랬던 것처럼 용서를 빕니다

늘 그렇게 기다리셨지요
자전거를 타고 둑방길을 달려오는 철부지를
시골길 막차를 타고 내려 한참 걸어
식은땀 흘리던 여고생을

바람이 불어 휘청거린 게 현기증이란 말씀을
안 하시네요

내리막길 브레이크를 잡지 않은 건 아닐까
너무 두렵습니다

한 장 뜯어간 메모지만큼 손이 야위어서 가여워요

엄마의 시간을 갉아먹던 저는 문밖에서
서성이는 일 밖에 할 줄 모릅니다
부디 저를 혼자 두지마세요

■ □ 김은미 시집 해설

희망이 사라진 시대의 희망 찾기

황정산 (시인, 문학평론가)

 출산율 저하가 우리 사회 가장 큰 문제로 떠오르고 있다. 젊은이들이 결혼도 출산도 모두 기피하고 있다. 국가와 지자체는 많은 대책을 세우지만 나아질 기미는 전혀 보이지 않는다. 내놓는 대책이 전혀 효과를 발휘하지 못하고 있다. 몇몇 제도나 경제적 지원만으로는 근본 원인을 해소하지 못하기 때문이다. 사람들이 아이를 낳지 않는 가장 근본적 원인은 앞날에 대한 희망이 없기 때문이다. 더 좋은 세상이 올 거라는 기대가 없이 아이를 낳고 기른다는 것은 너무나 무모한 일이라고 생각하기에 이제 사람들은 아이 낳기를 주저하는 것이다. 출산율이 낮아 우리 사회의 미래에 희망이 없는 것이 아니라 반대로 희망이 없어 출산율이 낮아지고 있다. 이렇듯 희망이 사라지면 사회를 유지할 동력이 사라진다. 지금 우리 사회에 가장 필요한 것은 바로 이 희망이다.

김은미 시인의 시들은 이 희망에 대해 노래하고 있다. 그렇다고 희망의 필요성을 강조하기 위해 절망을 과장하거나 반대로 근거 없는 낙관으로 쉽게 희망찬 미래를 내세우지 않는다. 그의 시들은 우리에게 무엇이 꿈과 행복을 가져오고 희망을 품게 하는지 찬찬히 우리의 삶을 되돌아보게 한다.

일단, 그의 시를 읽다 보면 희망을 위해 가장 필요한 것은 그리움이라는 것을 알게 된다.

창 너머 스물네 시간
사선으로 서 있었을까
정지된 시간처럼 보이는
노란 카카오-T-바이크

뜨거운 커피 앞에 두고
빠르고 잔잔한 기교
음악 듣고 있으면
추웠던 몸속으로 스미는 위로

키오스크 앞에서 당황한 여자
무인카페 유리창에 비친 내 표정처럼

식어가는 종이컵
홀더 틈에서
내가 달그락거린다

-「너를 기다리며」 전문

 지금은 기다림이 사라진 시대이다. 모든 것을 즉각적으로 해결하고 충족해야 한다. 이런 즉각적 욕망 실현을 위해 세상은 빠르게 발전해 오고 있다. 이 시에 등장하는 "카카오-T-바이크"도 "키오스크도" 다 그것을 위해 생겨난 신문물이다. 하지만 시인은 이 물건들에서 기다림을 생각한다. 좀 더 빨리 움직여 기다림을 줄이기 위해 만들어진 공용 자전거의 모습을 보고 반대로 그것이 기다린 시간을 생각한다. 시인이 아니면 쉽게 가질 수 없는 시선이다. 시인은 또한, 무인카페에서 누군가를 기다린다. 기다린다는 것은 기다리는 대상에 대한 그리움의 시간을 갖는 것이기도 하다. 그런데 지금 우리가 사는 세상은 이 기다림도 기다림을 만들어내는 그리움도 모두 없애고 있다. 문명의 이기들이 그 그리움의 간극을 지우기 때문이다. 하지만 시인은 애써 그 기다림의 시간을 음악을 들으며 즐기고 있다. 누군가를 기다리는 그 그리움을 다시 느끼기 위해서이다. "내가 달그락거린다"는 말은 이 그리움의 정서가 자신의 마음을 흔드는 그 순간의 느낌을 감각적으로 보여주고 있다.
 희망이 기다림에서 온다는 것은 다음 시에서도 잘 나타나 있다

 남동생도 오빠처럼 직장생활 끝내고 영농후계자
 신지식인 대열에 합류해

논과 퇴직금을 합쳐 비닐하우스 지었다

후회 없다는 부부가 딸기 모종 심고
겉잎 따주며 꽃피기를 기다린다

반지 빠지는 줄 모르고 잎 따주는데
뒤꽁무니 졸졸 따라다니며
형님 딸기 옷 다 벗기지 말라고 걱정이다

꽃피면 호박벌 넣어 수정시키고
사진 찍어 보내준다고 하니
하얀 눈 덮인 12월
하얀 딸기꽃 피기를
꿈이 딸기처럼 빨갛게 매달리기를

_ 「딸기농장」 전문

  빨간 딸기의 탐스러운 모습과 희망의 느낌을 잘 연결한 작품이다. 시인은 아주 담담하게 동생네 농장에서 체험한 일을 서술하고 있다. 하지만 그 짧은 경험 중 문득 떠오른 생각을 딸기의 이미지로 포착해낸다. 지금 여기의 먹음직스러운 딸기가 아닌, 앞으로 "빨갛게 매달리기를" 꿈꾸는 딸기가 훨씬 큰 행복감을 준다는 사실을 알게 된다. 그 행복은 희망에서 온다. 그리고 그 희망을 위해 기다림의 시간이 필요한 것이다.

하지만 세상은 이 기다림을 쉽게 허락하지 않는다.

신탄진 재래시장 가시면 양살구나무도 괜찮아요
한그루 사다주세요
화분에 심었다가 당신 내게 땅 한 뼘 내밀면 옮겨 심으려구요

...(중략)...

울타리 넘어지고 반듯한 단열재 위 시멘트가 부어지면 큐브 건물이 올라가는군요

더 기다릴 수 없어요
옥상 텃밭으로 위로받을 수 없어 살구나무 한 그루 심으려구요

_「공간 예약」부분

 시인은 살구나무를 심을 땅을 꿈꾸고 있다. 하지만 그것을 쉽게 얻을 수 없다. "시멘트가 부어지"고 "건물이 올라가"며 나무를 심을 땅은 점점 사라지고 있다. 그래서 시인은 화분에라도 살구나무를 심어 그 꿈을 잊지 않으려고 한다. 어쩌면 시를 쓴다는 것은, 이 화분에 심은 살구나무를 키우는 것인지도 모른다. 당장 실현될 수 없는 기다림을 끝없이 연기하면서도 포기하지 않으려고 헛된 희망의 언어를 만들어내는 시인의 노력은 화분에 살구나무를 심어 나중에

얻게 될 땅에 당당하게 큰 뿌리를 내릴 살구나무를 꿈꾸는 행위와 닮았다.

  희망은 관계의 복원과 그것을 통한 진정한 소통에서 만들어지기도 한다. 지금 우리가 사는 사회는 수많은 사람이 함께 모여 복잡한 관계망을 형성한다. 하지만 그런 복잡성이 관계의 피상성을 만들고 사람들은 각각 뿔뿔이 혼자가 된 군중 속의 고독을 경험하고 살고 있다. 김은미 시인은 사람들 사이의 이 단절을 넘어서는 희망을 꿈꾼다.

관계를 맺기 위해
사이시옷 글자 한 개
더 갖고 있었으면

맺어진 뒤에도
허전함 느낄 때
떠오를 수 있도록

나뭇가지 ㅅ받침
정원사가 잘랐어도

나무가지
꽃을 피우고
잎도 잘 자라지

잘려 나온 사이ㅅ

옷걸이에 꽂혔다가
빠져도
단절은 아니야
잇는 본분을 잃지 않으니

글자 아래
존재감 없는 듯 보이지만
받침이 없었다면 세상에

세상은 얼마나 헐거워 졌을까

_「사이시옷」 전문

 시인은 그 자체로는 아무것도 아닌 "사이시옷"을 생각한다. 잘린 나뭇가지에서도 옷걸이에서도 사이시옷을 본다. 이 사이시옷이 없는 "나뭇가지"도 필 사라셨지만, 그러나 이 사이시옷이 없는 세상은 너무도 허전하리라고 생각한다. 사이시옷은 글자와 글자를 잇고 의미와 의미를 잇고 나아가 존재와 존재를 잇는 바로 그런 글자이다. 이 글자가 없다면 세상은 "헐거워"지고 사람들과 사람들의 관계는 소원해지고 사람들의 외로움과 슬픔은 더 커졌을 거라고 시인은 상상하고 있다. 이것이 희망을 위해 관계를 확인하고 소통을 복원해야 할 이유이다.
 다음 시는 시인의 이런 소망을 좀 더 강조해 보여주고 있다.

당신은 고독의 허물 벗고

홀로 타인이 되어 가는 중

되돌아오는 메아리

이명인가

상상일까

집착을 부르는 떼창

_「매미의 노래」부분

 시인은 매미들의 "떼창"에서 사람들이 함께 하는 어떤 세상을 상상한다. 그것은 고독 속에서 모두가 "홀로 타인이 되어 가는" 그런 현실을 자각했기 때문이다. 그런 소통의 부재 속에 매미의 떼창은 공동체의 복원을 향한 희망의 노래로 들렸을 것이다. 그게 이명이건 상상이건 시인은 이런 꿈을 포기할 생각이 없다. 매미처럼 노래를 불러 사람들의 의식을 깨우치고자 한다. 김은미 시인은 이 매미의 노래를 통해, 희망을 꿈꾸는 자로서의 시인의 사명을 생각하고 있다.

 또한, 희망을 위해서는 무엇보다도 다른 것이 될 수 있는 자유가 필요하다.

성형 틀에서 비늘 굳어진 시간

나이테 가지고 태어난 물고기 한 마리

작아 보인다고요

한세월 보냈어요

미끄러운 점액질 글리세린

조금 더 먹었더라면

손안에서 빠져나와 달아났을 텐데

목욕탕 거울 앞에서

동면에 들까요

달아나는 유일한 방법은

미끄러져 거품으로 흘러가는 것

가까이 다가가 작아지게 도와주는 것

풍경처럼 흔들린다면

향기라도 나눠 줄 텐데

다시 태어나고 싶을까요

하트나 장미

풍뎅이나 나비

네모나 동그라미

비 오는 날

비린내 난다고 환풍기를 돌려요

밖에선 향기가 난대요

_「물고기 비누」 전문

시인은 물고기 모양의 세숫비누를 보면서 다른 것 되기를 꿈꾼다. 비록 물고기가 되어 다시 바다로 가거나 풍경이 되어 처마 끝에 매달리지 못하더라도 거품으로 사라져 향기로 남기를 바란다. 그렇게 사라지고 달아나 자유를 얻어야 집안에서 갇혀, 상해 비린내를 풍기는 그런 존재를 벗어날 수 있다고 시인은 생각한다. 세상은 우리를 사회 조직에 편입하여 법과 질서와 제도로 구속한다. 이 편안함 속에서 우리는 세숫비누처럼 점점 자신의 존재를 잃고 사라져 간다. 시인은 상상 속에서나마 이런 억압에 저항하고자 한다. 그것은 미끄러운 물고기가 되어 세상의 손안에서 빠져나가거나 거품으로 자신의 존재를 바꾸어 세상에 향기를 전하며 사라지는 것이다. 시인이 된다는 것은 어쩌면 후자의 삶을 선택하는 것인지 모른다.

  다른 것이 되는 삶을 꿈꾸는 것은 세상의 질서와 가치에서 조금씩 어긋나는 것이다. 시인은 이것을 아주 재미있게 표현하고 있다.

 완료를 누르고 아차
 삭제를 했는데 제 마음 읽었나요

 습관대로 살고 싶어
 당신을 클릭하면 짠 나타나는 꿈을 꾸었어요

 번호를 누르고 종료를 누르면
 내가 읽히나요

내 전부를 떠올려 주기를 바랍니다

왼쪽 신호를 주어야 하는
마지막 통과선

오른쪽을 눌러 방향을 바꿨더니
알면서 모른 척 해준 귀여운 당신

훈련되지 않은 손끝의 터치
마구 자란 풀꽃처럼 피어서
거칠게 뽑힌다 해도 괜찮아요

이미 머뭇거리는 손길의
감촉마저 알아버렸습니다

_「클릭하다」전문

  시인은 약속된 기호를 "클릭"해야 하는 손동작이 오작동했을 때의 의외의 상황을 즐기고 있다. 완료를 눌러야 할 때 삭제를 눌러 지우고 싶은 자신의 진정한 마음을 표현하고, 왼쪽 깜빡이를 넣어야 하는데 오른쪽 깜빡이를 넣었지만 이와 상관없이 마음이 전달된 순간을 경험한다. 이 "훈련되지 않은 손끝의 터치"가 "마구 자란 풀꽃처럼 피어서" 새로운 세상을 만들 수 있다는 꿈을 꾼다. 잘못 찾아든 길이 지도를 만들 듯 잘못한 "클릭"이 "당신을 클릭하면 짠 나타나는 꿈"이라는 희망을 만들 수 있다는 즐거운 상상을 시인은 하고 있다.

　시인은 희망을 이야기하고 제시하는 사람은 아니다. 희망을 말하는 것은 종교지도자나 정치지도자의 몫이다. 그들은 이것으로 사람들을 이끌고 또 지배한다. 그러나 그들이 말하는 희망에 전적으로 의지하지 않고 사라진 희망을 찾고자 한다. 시인은 사라진 희망을 찾아가는 사람이다. 희망을 제시하는 대신 무엇이 희망을 가로막고 있는지 또 무엇으로 희망을 만들 수 있는지 생각하게 만드는 존재가 시인이다. 시인의 언어는 사람들 사이의 소통을 꿈꾸고 우리를 일상의 구속에서 해방하고 아련한 꿈에 대한 그리움을 제공한다. 그것이 시인이 우리에게 보여주는 희망의 약속이다. 김은미 시인의 이 시집에서 그 아름다운 희망의 언어를 만날 수 있어 기쁘다.